U0664791

Zhongguo Wenhua
Zhishi Duben

中国文化知识读本

主编 金开诚

编著 喻淑珊

当铺与质库

吉林出版集团有限责任公司

吉林文史出版社

图书在版编目（CIP）数据

当铺与质库 / 喻淑珊编著. —— 长春：
吉林出版集团有限责任公司：吉林文史出版社，2009.12（2023.4重印）
（中国文化知识读本）
ISBN 978-7-5463-1708-3

Ⅰ.①当… Ⅱ.①喻… Ⅲ.①典当业－经济史－中国
Ⅳ.①F832.38

中国版本图书馆CIP数据核字(2009)第236880号

当铺与质库

DANGPU YU ZHIKU

主编/ 金开诚 编著/喻淑珊

项目负责/崔博华 责任编辑/曹 恒 崔博华

责任校对/王明智 装帧设计/曹 恒

出版发行/吉林出版集团有限责任公司 吉林文史出版社

地址/长春市福祉大路5788号 邮编/130000

印刷/天津市天玺印务有限公司

版次/2009年12月第1版 印次/2023年4月第4次印刷

开本/660mm×915mm 1/16

印张/8 字数/30千

书号/ISBN 978-7-5463-1708-3

定价/34.80元

编委会

主　任: 胡宪武

副主任: 马　竞　周殿富　孙鹤娟　董维仁

编　　委 (按姓氏笔画排列) :

于春海　王汝梅　吕庆业　刘　野　李立厚

邴　正　张文东　张晶昱　陈少志　范中华

郑　毅　徐　潜　曹　恒　曹保明　崔　为

崔博华　程舒伟

前 言

　　文化是一种社会现象，是人类物质文明和精神文明有机融合的产物；同时又是一种历史现象，是社会的历史沉积。当今世界，随着经济全球化进程的加快，人们也越来越重视本民族的文化。我们只有加强对本民族文化的继承和创新，才能更好地弘扬民族精神，增强民族凝聚力。历史经验告诉我们，任何一个民族要想屹立于世界民族之林，必须具有自尊、自信、自强的民族意识。文化是维系一个民族生存和发展的强大动力。一个民族的存在依赖文化，文化的解体就是一个民族的消亡。

　　随着我国综合国力的日益强大，广大民众对重塑民族自尊心和自豪感的愿望日益迫切。作为民族大家庭中的一员，将源远流长、博大精深的中国文化继承并传播给广大群众，特别是青年一代，是我们出版人义不容辞的责任。

　　本套丛书是由吉林文史出版社和吉林出版集团有限责任公司组织国内知名专家学者编写的一套旨在传播中华五千年优秀传统文化，提高全民文化修养的大型知识读本。该书在深入挖掘和整理中华优秀传统文化成果的同时，结合社会发展，注入了时代精神。书中优美生动的文字、简明通俗的语言、图文并茂的形式，把中国文化中的物态文化、制度文化、行为文化、精神文化等知识要点全面展示给读者。点点滴滴的文化知识仿佛颗颗繁星，组成了灿烂辉煌的中国文化的天穹。

　　希望本书能为弘扬中华五千年优秀传统文化、增强各民族团结、构建社会主义和谐社会尽一份绵薄之力，也坚信我们的中华民族一定能够早日实现伟大复兴！

目录

一、当铺史话

（一）宋朝之前的当铺

在我国，当铺的经营历史十分古老，南北朝时由寺院经营此行，叫"质库""质肆""质舍"；唐朝、两宋时期当铺又称"解库""长生库""典库""典铺""印子库"；元朝的当铺称"解典库""解典铺"；到了明清时期才称为"当铺""典当"，但是这个行业的经营方式和性质从古代延续至今并没有大的变化，所以可以统称为"当铺"。在我国，典当这种行为起源极早，东汉时期的许慎在《说文解字》中提到"质"，意思是说用东西抵押来换钱。显然，"质"就与典当有关了。不过在最初的时候，"质"更多用在政治领域，

当铺在我国有着悠久的历史

当铺洞开的大门

如把与自己有重要关系的人留给他人做人质，作为一个重大承诺来增加信用。如《触龙说赵太后》中，赵太后对于大臣劝她将自己心爱的小儿子送到别国去做人质的建议大为光火，说道："有复言令长安君为质者，老妇必唾其面。"

随着社会经济的发展，人们之间的经济关系复杂化，"质"就慢慢开始演变成为一种以物抵押、换取钱财以解燃眉之急的手段了。在西汉景帝时期，著名的文学家司马相如携妻子卓文君流落到四川成都，因为贫穷无着，就曾把自己贵重

古代当铺

的皮衣送到当铺典当了，换了钱买酒。在晋代，《晋书·桓冲传》中记载了一个这样的故事："彝亡后，冲兄弟并少，家贫，母患须羊以解，无由得之，温乃以冲为质。"意思是说：桓冲的父亲去世了，他的兄弟少家里又穷，恰巧在这个时候母亲又生病了，需要吃羊肉治病，没有办法，只好将桓冲押给人家以换取买羊治病的钱。这个故事说明在那个时代，人也是可以用来抵押的。

比较文明的典当出现在南北朝期间，据

《南史·甄法崇传》记载："法崇孙彬，彬有行业，乡党称善，尝以一束苎就州长沙寺库质钱，后赎苎还，于苎束中得金五两，以手巾裹之。彬得，送还寺库。"意思是说孙彬到寺庙当东西换钱，结果在赎回之后发现当初抵押的东西中多出了五两黄金，于是他送还了寺庙。这个故事说明在南北朝时期，已经有寺院在从事当铺经营活动了。另外，《南齐书》中有一个故事也是说寺庙经营当铺生意：公元 482 年，南齐录尚书事褚渊去世，他的弟弟褚澄把典当在招提寺中的褚渊的一件白貂坐褥、一支介帻犀导和一头黄牛赎回。赎回后，褚澄把太祖高皇帝赐给褚渊的白貂

南北朝时期已有寺院在从事当铺经营活动

坐褥割开，做了裘及缨，因为这件事冒犯了皇帝的威严，他在次年被免职。实际上，中国的当铺最早就是在南齐（480—502年）的寺院中产生的。那时的寺院，由于皇室和平民都笃信佛教，大量的财富流向寺院，于是寺院把多余的钱财用于典当资本，供人典质物品，代替布施。因此，寺院的钱通常是有增无减的，寺院开办的当铺又叫"长生库"。

当铺自南北朝产生以后，曾一度局限于寺院经济。然而从唐朝起，在中央集权相对稳定的政治条件下，工商业的发展及市场的繁荣，大大刺激了高利贷这一产业

寺院开办的当铺又叫"长生库"

南北容商来南北

来路不明

不管危险物品

当

到了唐代，除了寺库，还出现了民办和官办的当铺

的发展。按东主的身份地位和资金来源划分，当铺开始出现多种类型。当时，寺库仍很兴旺，除此之外，还出现了民办和官办性质的当铺。其中民办即由地主商人涉足，而官办又有官僚自营和政府投资两种，从而打破了寺院独家垄断经营当铺的局面。

进入唐朝以后，随着国力的强盛，工商业发展加快，货币需求迅速扩大，这些都为民营当铺行业的兴起创造了有利条件。史家认为，唐时商业多至二百多种，但是，最大的商业是放高利贷的柜坊。"柜坊"就是后来通常所说的当铺。高额的利润不仅吸引富商豪贾的投资，朝中的权臣大吏也私下经营当铺，就连国家机关也用公款办"徽柜"，以增加收入。这样，在唐代，当铺已经不再由寺院独家垄断经营，而形成了官办、民办、僧办几类。民办的当铺一般规模较小，根据从吐鲁番出土的当铺账本记载，当时的当物大多是衣服、织物等物品，当本最低的只有20文，是一条"故白绫领巾"，一般物品的当本也只有50到100文；而长安一斗米要卖三四千文钱。可见民营当铺放当的钱财金额很小，另外一方面也说明去当铺的一般都是家境

民办当铺一般规模较小

贫寒的穷人。但是，显然皇亲国戚、高官显宦所置办的当铺的规模，以及其获得的丰厚利润，是民办和僧办的当铺所难以企及的。例如，唐高宗与武则天之女——太平公主，就倚仗她富可敌国的雄厚资本，在家中开设了规模不小的当铺。

在这个时期，由于当铺经营的范围广和其独特的融通资金的作用，所以上至皇家贵胄、士大夫，下至平民百姓，都不可避免地要与当铺行业打交道。大诗人杜甫就在诗中描写自己生活的困窘，常常以典当度日，道："朝回日日典春衣，每日江头尽醉归。"当时唐肃宗收复长安，杜甫

开元柜坊

大诗人杜甫曾因生活困窘而以典当度日

在朝廷当官，但是俸禄微薄，也常常陷入要典当衣物才能买酒喝的窘境。白居易也在《自咏老身示诸家属》的诗中写道："走笔还诗债，抽衣当药钱"；在《杜陵叟》的诗中写道："典桑卖地纳官租，明年衣食将何如？"描写了杜陵叟要去当铺典当衣物换钱买药和为付地租而将赖以生存的田地卖光当尽的凄苦生活。

（二）宋朝之前当铺的管理法律制度

在封建时代，中国是中央集权制国家，因此在

当铺街历经沧桑巨变，旧式店辅早已被楼房所取代

旧时的当铺已经面目全非

法制方面表现为"重刑轻民"，因此，对于典当这种民事行为，中国封建社会历代几乎都没有专门法规加以制约，而只是由散见于其他法规中的零星条款予以提及。在唐代之前，虽然各君主为了富国强兵，减轻百姓高息借贷的负担，说过一些希望能够抑制高利贷的话且下过一些命令，但是，从本质上而言，当铺行业并不能完全等同于高利贷。真正接近现代意义的典当和将当铺行业作为一个正规行业记载在正规的、成文的文件中都是始于唐代，因此，至今能够考证到的关于

当铺的管理法律制度也是始于唐代。

唐太宗贞观年间（627—649年），宰相房玄龄根据唐太宗的旨意，在编写唐朝的法律《唐律疏义》时，第一次以国家法令的形式明确规定了利息的幅度："凡质举之例，收予不得逾五分，出息过其倍，若回利充本，官不理。"意思是说，即规定典当业的存息不得超过5%，也不得放息超过10%，政府也不允许利滚利。根据《唐会要》记载，长安元年（701年）武则天规定："负债出举，不得回利作本，并法外生利。"意思是不得利滚利。唐玄宗在开元十六年（728年）下诏，对放款月利率做出了规定："比

初唐名相房玄龄像

来公私举放，取利颇深，有损贫下，事须厘革，自今以后，天下负举，只宜四分收利，官本五分收利。"意思是说，之前由于政府和民间对于典当业都有经营，利润也非常丰厚，这样一来就损害了贫苦老百姓的利益，以后对这样的情况要加以避免。从今以后，民间的典当业获利不得超过4%，政府从事典当业利润不得超过5%，从而进一步限制了高息放贷的暴利行为。另外，朝廷还多次颁发诏书禁止大臣以政府的名义从事典当业与民争利的行为，否则将追究大臣们的责任："如闻朝列衣冠，或代承华胄，或职在清途，私置质库、楼店与人争利，今日已后，并禁断。仍委御史台，察访

首次以国家法令的形式对典当行业进行规范化限制发生在唐代

奏闻。"即禁止皇家贵胄和朝廷大臣私自开设当铺，与人争利。为了查访这种违法行为，朝廷还专门委任御史台进行调查举报。在《唐令拾遗》中，对唐代在当铺经营方面的规定记载得更为详细："诸公私以财物出举者，任依私契，官不为理。每月收利，不得过六分；积日虽多，不得过一倍。……收质者，非对物主，不得辄卖；若计利过本不赎者，听告市司对卖，有剩，还之。如负债者逃，保人代偿。"意思是说，以动产作为典当的物品到当铺进行交易的话，交易自由，

唐朝末年，国家财政收入入不
敷出，朝廷竟向当铺借钱

但月息不得超过 6%；典当期限再长，也不得超过一本一利。同时，当铺也只有在利息超过本金时才可以向当地政府请求变卖质押物品受偿，且变卖当物超过当初支付给当户的当款的，超过部分必须返还当户。

在安史之乱后，为了解决国家财政收入入不敷出的问题，唐德宗在建中三年（782 年）下令：由政府出面，向所有在京师长安开业的当铺"借钱"，其实这就是对当铺行业进行的变相收税。唐德宗规定，向每户典当机构收取

开元通宝

它们资本金的四分之一，这次税收政策的施行，政府一共取得财政收入 100 多万缗钱。可见，在唐代，仅在长安地区，当铺行业的资本金就应该在 400 多万缗钱以上，占当时国家全年财政收入的三分之一左右。因此，可以说在当时，当铺行业就已经成为最大的行业。

二、宋、金、元时期当铺行业的发展

从宋代开始当铺行业就进入了黄金期

（一）宋代当铺行业的发展

中国的当铺行业经过了唐五代的发展，积累了大量的资本和丰富的经验，于是，从宋代开始，当铺行业就进入了黄金期，这不仅表现在出现了繁荣的局面，而且在职业分类上，当铺经营成为一个独立的行业；在资本来源上，分为官办、僧办和民办，呈现出势均力敌的局面；在经营范围上，经营的方式和范围更为多样化；在抵押物的种类上，物品的范围也有所扩展，这些都标志着中国的当铺行业开始走向成熟。

1. 当铺经营成为一个独立的行业

（1）当铺经营作为行业的出现

在宋朝，也有官办的当铺。如北宋时，由政府所设置的当铺，又称为"抵当免所"，又叫"抵当库""抵库"。不仅如此，朝廷还积极鼓励官府开办当铺，如崇宁二年（1103 年），徽宗还下诏，要求多将官办典当行设置在集镇，因为这些地方"井邑翕集"，属于经济发达、商业来往密集的"商贩要会处"，能够保证充足的客源，从而生意兴隆。这说明，在这个时期，连中央政府都极为重视当铺行业的经营和发展，甚至自己也参与从事这一行业，把当铺经营看成一种正式而且正当的行业。

宋代中央政府极为重视当铺行业的经营和发展

宋、金、元时期当铺行业的发展

当铺经营在宋时成为一种正式行业，从称呼上也可以表现出来：如当时的北方人将以物质钱的行为叫做"解库"，而江南人则叫"质库"，对于寺院开办的当铺叫做"长生库""普惠库"。在《宋会要辑稿》中的"刑法"条款中，就有对这个行业的规定，并称这个行业为"典当质库"业，这说明，此时我国已经开始用"典当"二字作为当铺经营这个行业的称呼了。在这个时期不仅出现了专门的正式行业称呼，而且还出现了历史上最早的行业招幌，即广告。在北宋画家张择

寺院开办的当铺叫做"长生库""普惠库"

当铺与质库

端的《清明上河图》中，赵太丞家对面的巷子中有一座当铺，当铺的门口挂出一个大大的"解"字招牌，这就是当铺的标志和广告。

（2）当铺行业"行业制服"的出现

随着都市经济的发达，当铺的经营不仅形成了一种独立的专门行业，还有了本行特定的"行业制服"。宋代的孟元老在其《东京梦华录》卷五中记载说："杭城风俗，……且如士农工商、诸行百户，衣巾装着，皆有等差。……质库掌事，裹巾着皂衫角带。"依照风俗，当时的士农工

如今当铺已经不见了当年的
风采

商，百行百业，服饰（行业制服）都是有特
色和差异的，当铺掌事的装束应该是穿皂衫、
角带，并以布条束住头发的。如果说这只是
当时的风俗习惯而已，那么，在宋建炎年间
（1127—1130年）高宗的敕令更有说服力和
法律效力。当时，朝廷为了融通资金，救济
流亡，稳定社会，偏安江南，乃采取特殊措
施鼓励典当业发展，高宗规定：凡是开设当
铺的人，可以授予"朝奉郎"的官衔，跻身
仕途，并且可以穿着皂衫、角带、不顶帽的
装束，还免除他们的赋税徭役。这种优厚的
待遇，不仅说明当时的朝廷支持当铺的开设

宋代朝廷鼓励开设当铺，并给予优厚待遇

和发展，也说明朝廷认可这一行业的"行业制服"。

2. 宋代当铺行业三足鼎立的兴盛局面

（1）僧办当铺的复兴

自南北朝以来，历朝历代的封建君主和百姓几乎都笃信佛教，寺院经过了这百年的蓬勃发展，在财富的积累上已经登峰造极。但是，继北魏太武帝、北周武帝之后，唐式宗、后周世宗等也进行了大规模的灭佛运动，佛教的势力受到巨大打击，寺院所经营的"质库"也纷纷倒闭，僧办当铺一度消沉。

进入两宋后，佛教再度兴起，随之而来的是寺院单购行业的复兴。《澹庵集》中记录到：四

自南北朝以来，历朝历代的封建君主和百姓几乎都笃信佛教

川的僧人宝觉图迟大师在修葺寺院后，"又以钱二十万为所谓长生钱"；在资金的来源上，还有民间资本借贷给寺院，支持寺院当铺行业的再度兴旺发达。《夷坚志》中记载：建昌的官员范荀，为了娶妻，借贷十千钱给资圣寺的长老用作开设当铺的资本，以赚取利息。由此可见，在宋代官办和民办的当铺已经颇为发达的情况下，寺院的当铺经营活动也复兴起来，十分活跃，仍旧是支撑寺院经济的主要方式。

（2）官办当铺的发展

寺院的"质库"继续与民争利，但是，由于宋代的财政支出相当庞大，除去送于辽、西夏、金的岁贡外。官员的俸禄也是不小的开销，加上庞大的军费和应急储备，到了后期便出现了入不敷出的问题，以至于被一些学者讽刺地称为"积贫"。在这种情况下，政府出于缓解财政压力的需要和利益的驱动，也开始参与经营当铺，并且，因为资本的雄厚和利用得天独厚的政治优势，其影响与规模均超过了寺院的当铺。当时，官府经营的当铺叫做"抵当所"或"抵当库"。北

宋代以后，佛教再度兴起

宋、金、元时期当铺行业的发展

宋时，官府还特别设立了一项费用，叫做"公使钱"，其中有很大一部分就是作为经营当铺的资本。崇宁二年（1103 年），皇帝还诏令各府界和各县在交通枢纽和商贩聚集的地方开设当铺，于是，官办当铺遍布各地城乡集镇。《宋史·仁宗纪》中记载："天圣六年九月，诏河北灾伤，民质桑土与人者悉归之，候岁丰偿所贷。"意思是说，天圣六年（1029 年）九月，河北受灾，皇帝下诏说之前百姓抵押给当铺的桑树和土地等生产资料都要归还给百姓，等到来年丰收的时候，百姓再向当铺归还赎金。

岁币

宋代当铺业发达，当铺遍地
皆是

（3）民办当铺的繁荣

宋代广南西路化州城，是一个很
偏僻的地方，然而，在这里当铺就有
十户之多，可见当时民办当铺的繁荣
景象。到了南宋，在都城临安，仅府
第富豪之家开设的当铺就不下数十
处，抵押物品更是价值连城，民办当
铺的经营管理形势一片大好。

可以看出，宋代典当业的经营资
本呈现出官办、民办和僧办三足鼎立
之势，而且由于政府的鼓励和支持，
这个时期官办当铺的发展非常迅速，

北宋年间，政府大量铸造铁钱

一时形成官办当铺遍布各地大小城镇、市集的繁荣景象。

3. 宋代当铺经营范围的扩展

由于商品经济有了进一步的发展，社会对货币流通的需求量日益增加，但在川蜀一带，大量铜钱还被融化来铸造佛像，因此，北宋年间铜钱奇缺，政府不得不大量铸造铁钱来缓解当时的"货币危机"。当时，铁钱比较重，面值又小，流通起来十分不便，于是，川蜀16家富商联合起来发行称为"交子"的纸币。宋仁宗天圣元年（1023 年），朝廷发现发行纸币有利可图，于是决定将"交子"的发行权收归官办，并改名"钱引"，在全国范围流通。随着纸币的出现，原来唐代兼营相当于后世钱庄、保管库性质的"僦柜"（当铺），营业范围也就发生了变化，当铺将原来经营纸币和铜钱兑换的业务独立出来，变成了专业的"兑便铺"。

4. 典当的质物的多样化

在宋代，能到当铺进行抵押的物品，除一般的金、银、珠、玉、钱、货外，有时甚至还包括奴婢、牛马等有生命的物品，而普通劳动人民则多以生活用品作抵押。除此之外，与之前相比，在抵押物的种类

北宋交子是我国历史上出现最早的纸币

宋、金、元时期当铺行业的发展

宋代出现了谷典，谷子也可
以抵押换钱

上，还呈现出多样化的趋势，如出现了
"谷典"，即用谷物抵押在当铺里换钱，
以解燃眉之急，这样就可以达到资金融
通的目的。具体操作方法是：在粮食收
获之际，谷价相对而言会低贱一些，这
时粮食商人将买回来的粮食作为抵押物
典当给当铺，然后再用所得的钱再去收
购粮食，这样循环往复，随当随收，粮
食商人就可以在一定程度上充裕自身财
力，扩大经营规模，也能使资金周转灵
活，也免去了他们需要寻找粮仓来存储
粮食的麻烦。而对于当铺而言，收取谷
物收益也是十分丰厚的：一方面，能在

反复赎当之中赚取利息；另一方面，又能在当期之内转手倒卖粮食，获得差价。总之，对于交易的双方都有利可图，实在是双营，所以"谷典"很受各方的欢迎，后世的当铺也纷纷效仿，谷物在此后也成为重要的当品。

（二）金代当铺行业的发展

与宋朝同时代的金王朝，虽然历时不久，但是其统治的一方领域的当铺行业却显现出承前启后的活力。金代当铺行业的经营管理及有关法规、政策的实施，显示出对辽、宋经济的破坏和继承。另一方面却有所发展、变革和创新。金

谷物在宋代以后成为重要的当品

金世宗颁布了我国历史上最早的一部当铺管理规则

世宗专门制订的官营典当管理规则，是迄今见于我国历史文献最早的一部由政府颁布的较为详细的对当铺行业的管理规则，也是我国典当行业成熟的一个重要标志。据《金史·百官志》记载，金世宗大定十三年（1163年），金世宗对文武百官说："闻民间质典，利息重者至五七分，或以利为本，小民苦之。若官为库条，十中取一为息，以助官吏廪给之费，似可便民。"意思是说，民间的典当业，利息非常高，有的还用利滚利的手段剥削百姓，百姓深受其害。如果官方能够开办当铺，

大定十三年，政府开设了
"流泉务"

只收一分利息，既可以赚取政府的开支，又可以造福百姓。于是，金朝政府落实了这个政策，在中都南京、东平、真定等处开设当铺，以流泉为名，各设"使副"一员，进行管理工作。

大定十三年（1163年），政府在开设"流泉务"的同时，还出台了一项有关官办当铺的法规，这项法规是迄今见于历史文献的我国最早而又颇为具体、详细的当铺管理规则：

"凡典质物，使、副亲评会下价值，许典七分，月利一分。不及一月者，以日计之。经二周年外。又逾月不赎，即听下架出卖。出贴子时写实物人姓名、物之名色、金银等第分两、

官办当铺既可赚取政府开支，又可造福百姓，可谓一举两得

商人资金短缺时，当铺往往可以解其燃眉之急

宋、金、元时期当铺行业的发展

官办当铺有统一的折当比例

及所典年、月、日、钱贯；下架年、月、之类，若亡失者，收赎日勒合于人验元典官本，并合该利息赔偿入官外，更勒库子验曲物。上等时估偿之物虽故旧，依新价偿。仍委任司佐贰幕官识汉字者一员提控，若有违犯究治，每月具数申报上司。"这项法规规定，当金应按当物估值的七成折价，即"许典七分"，从而使官办的当铺有了统一的折当比例；利息则为每月一分利息，即1%，这就比当时其他当铺的"重者五七分，或以利为本"要低出许多了；在当期上，则是既规定相比以往延长至两年，又允许再延期一个月，这对当

元代当铺延续了唐宋以来的繁荣景象

户来说，也比唐宋时期要缓和许多。这项法律还专门提到当票的书写内容，当物灭失后由典当行承担赔偿责任的问题，在设置专人管理典当行、每月向上申报实情、违法必究等规定上也很具有突破意义。由此可以看出，金代是当铺行业和关于典当的法规不断发展和完善的时期。

（三）元代当铺行业的发展

元代的当铺行业延续了唐宋以来官办、僧办和民办共同繁荣的大好局面。

寺院的"质库"，活动仍然十分活跃。元代的《白话碑集录》就提到，当时的寺院当铺就有

当铺有一整套有别于其他
行业的规则

元代寺院质库活动仍十分活跃

元代寺院当铺数量众多

40 余处。在《元典章》卷三三《礼部·僧道教门清规》中也记载道："(皇庆二年江浙行省言)各处住持者旧僧人，将常住金谷据为己有，起盖退居私宅，开张解库。"意思是说，当时各地的僧人，常常大量地敛财，偷偷建制私人房产，用来开设当铺。又据《元史·顺帝纪》记载，大护国仁王寺所借贷出的钱，就高达 26 万余锭之多。

在官办典当行的记载中，元世祖至元二十年（1293 年）曾以钞 5000 锭为资本设立公典，称"广惠库"，放贷收息。这说明在元代官办

当铺在元代经常被赏赐给寺院和王公大臣

典当机构也十分发达，政府是在继续支持官办典当业的发展。

另外，元代的贵族、商人也大都热衷于经营当铺行业，皇帝还常常以当铺作为对寺院和王公大臣的赏赐。这一时期，回鹘人在当铺的经营活动中表现得相当活跃。

元代的当铺，基本沿用前代名称，称为"解库""钱库"，并由此派生出"解典库"，由于典当放债的利息很高，很多劳动人民无钱赎回抵押物，导致抵押物被当铺吞没，这在元代的杂剧、故事中经常可以见到。这里有一个关于元代当铺的故事：

　　一天，湘乡县的知县赵景坞正伏案批阅公文，忽然门人通报说，有个外地人要向他申诉事理，便命门人引进。外乡人是个文弱书生，上月赴长沙府赶考路过湘乡，不想钱袋失落。为了不耽误考期，他派仆人把随身所带的银烟壶拿到当铺抵押，考试结束后，便向同乡借了赎金，回到此地取赎银烟壶。可到手的烟壶却变成了铜质的。他大吃一惊，便询问仆人，仆人也觉得蹊跷。书生十分生气，便与仆人一块去当铺论理。岂料店主人矢口否认接受过银烟壶，并诬陷他们有意敲竹杠。书生不服，店主人拿出当票，上面确实写的是铜烟壶。书生无话可说，只得快快离去，事后，又心有不甘，便来找赵知县申诉。

　　赵知县早就听说当铺店主人有欺人劣迹，便派人

一个小小的烟壶引出的故事反映出元代当铺对质物人的盘剥

低头看案卷的知县，其实心里另有打算

传唤店主人到大堂，并埋头只看案卷，对当铺主人不理不睬。当铺主人心中很是奇怪，可又跪着不敢动弹，时间久了，弯腰曲背，很是疲劳，心中更是发慌，一个哈欠，嘴里的牙签掉了下来。赵知县冷眼一瞥，心中暗喜，问："你嘴里垂下的是什么？店主人回答道："牙签。"赵知县吩咐差役给拿来看看，说："这东西很好，我要仿制一根。"然后他立即起身入内，急忙对差役吩咐了一番。

差役拿了牙签跑到店主家对伙计说："烟壶

银鼻烟壶

的事，你家主人已承认了，派我来取，以这根牙签作为证据。"伙计看到牙签，认得是东家的随身之物，就相信他已经招供了，于是，将银烟壶交出。赵知县把银烟壶放于堂上，叫书生上前辨认，果然就是书生的，于是完璧归赵。

这个故事反映的是当铺经常以各种手段对质物人进行敲诈的现实，但是，由于当时社会政治经济的特殊性，虽然明知当铺对质物人的压榨剥削十分严酷，贫苦的百姓还是不得不与这个机构打交道，因此，当铺行业依旧十分发达。在经历了唐、宋两个重要的发展时期后，元代的典当业规模不断扩大，行业特色日趋鲜明，呈现出蓬勃兴旺之势。在元末明初时期，僧办当铺急剧减少，逐渐退出历史舞台，又因为经济的蓬勃发展，大批商人加入当铺行列，因此民办当铺十分兴旺，并逐渐成为经营当铺的主力军。

（四）宋、金、元时期当铺的管理法律制度

在宋代，因为继承前朝大好的行业形势，当铺行业的发展已经十分发达，加之国家的鼓励和支持，所以在整个宋代，当铺行业发展到了黄金时期。从整体上讲，宋代官府对典当行

元末明初民办当铺十分兴旺

宋代当铺的兴盛得益于
官府的鼓励政策

业的鼓励主要表现在两个方面：一是在政策
和政治上的积极引导和诱导；二是对典当业
进一步进行法律规范。

在政策和政治上的引导和诱导表现在：宋
建炎年间（1127—1130 年），高宗为了融通资
金、救济流连失所的百姓、稳定社会、巩固
统治，发布了三个鼓励民间开办典当业的政
策：一是授予官爵，明确规定只要开设当铺的，
就可以获得由朝廷授予的"朝奉郎"的官衔，
跻身仕途；二是规范"行业制服"，即准许开

为了保护百姓利益，宋代限制了典当的利息

办当铺的人穿皂衫、角带，不顶帽，这是官员的服饰；三是免除他们的赋税徭役。这三条措施有力推动了当铺行业的发展。此外，政府还立法鼓励官办当铺的经营活动，如北宋时期的王安石变法，其中市易法就规定："市易务在太平坊，隶都提举司。召人抵当借钱出息，乘时贸易，以通货财。"

在对当铺的经营活动进行的法律规范方面，《宋刑统·杂律》为了保护贫苦百姓的利益，稳定政治，限制了典当利息，即每月不得超过六分利，即使是典当的期间比较长，也不能超过十二分利："每月取利不得过六分，积日虽多，不得过一倍。"否则："即系违法取利，自不合理索赔。"宋朝还将当时已经十分普遍的典卖制度加以规范。典卖，又称为"活卖"，就是以物品或人身典当，换取钱财，原来物品的所有人还是拥有此物，在约定的期限内，所有人可以还钱赎回原物；但如果逾期不赎回原物，当铺就有权自行处置该物。《宋刑统·户婚律》专设《典卖指当论竞物业》一章，规定：

第一，"当面署押契贴"，"皆得本司文牒，然后听之"。意思是：典卖必须经过这样的程序：物的所有人与当铺必须双方达成协议，

并签订契约，然后经官府批准认可。据考证，宋朝典当田宅时双方必须签合同，而且合同是一式四份的，由双方当事人、纳税机构和县衙各执一份。等到双方缴纳税钱，交割完毕，官府验明入案，典卖才生效。这样，既保证了契税的征收，又减少了民事纠纷的发生。

第二，"诸家长在，而子孙弟侄等不得辄以奴婢、六畜、田宅及余财物私自质举"，"专擅典卖、质举、倚当，或伪署尊长姓名，其卑幼及牙保引致人等，并当重断，钱业各还两主"。意思是，如果家中有长辈当家，不当家的人就不得将奴婢、牲畜、房产、地产等典卖出去，如果卑幼欺瞒尊长典卖这些财产，就要受到重罚。

宋代对典卖地产有着诸多的限制

亲戚和街坊四邻对典卖财产享
有优先购买权

　　第三，"应典卖、倚当物业"，必须"先问
房亲，房亲不要，次问四邻，四邻不要，他人
并得交易"，意思是在条件相当的情况下，典
卖财产，首先要问家族亲戚是否要买，亲戚不
买就问四邻要不要买，只有在四邻不买的前提
下，才可以将财物典卖给他人。

　　第四，"有将物业重叠倚当者，本主、牙人、
邻人并契上署名人，各计所欺入己钱数，并准
盗论；不分受钱者，减三等"，论罪定刑，并
且要"征钱还被欺之人"。意思是说如果有人
将一物同时典卖两个人，就要受到重罚。

在以农业为本的社会，土地
影响着封建统治的稳定

　　第五，规定了赎回时限是：凡典卖契约
保存完好，原业主可在约定期限赎回原物；
原业主身亡，其子孙骨肉在世，且"证验显
然者，不限年岁，并许收赎"。超过赎典期限，
"经三十年后，并无文契，及虽执文契，难
辨真虚者，不在论理收赎之限"，可由当铺
自行处置。

　　由于中国自古以农业立国，土地是农业
国家最重要的社会资源和最基本的生产资
料，因而土地的典卖制度也是影响古代社会
治乱兴衰最重要的因素。对土地之典的最早
记载出现在北齐（550—577年）末年宋孝

王所著《关东风俗传》："帖卖者，帖荒田七年，熟田五年，钱还地还，依令听许。"这里描述了一种在固定期限内回赎的"帖卖"的方式，还未用到"典"字，但与后来典卖土地的制度已经非常相似了。宋代的土地典当交易形式有"典当"和"倚当"。土地和房屋是宋代不动产买卖的主要对象，只转让使用权、收益权而保留土地的所有权和回赎权的"典卖"，称之为"活卖"。在宋代有关田土制度的一些文献中还常常出现"倚当"这个词，如后周广顺二年（952 年），开封府拟定指挥："其有典质、倚当物业，官牙人、业主及四邻同署文契。"据考证，"倚当"是一种以土

宋代对土地这种不动产的典卖有着更为严格的规定

宋代对抵押物和典当人都有诸多限制，田宅六畜均不得随意典卖

地收益清偿债务的方法，即当债务人无力还债且别无抵当时，可以与债主约定：把土地交债主耕作，以土地相应年限的收成来偿还本息，偿清后收回。为抑制土地兼并，唐宋法律均禁止以田宅折抵有息债务，宋律明文禁止以田宅牛畜抵债（田宅牛畜是债务人的生路），倚当就是在这种背景下产生的。宋代法律常将"倚当"和"典卖"一起进行规定，无论典、卖都必须符合"先问亲邻""输钱印契""过割赋税""原主离业"等要件。

田宅六畜系生活所需，一般不允许典卖

　　宋代的法律制度除了对典当活动做出上述详细规定外，还对典当当事人和抵押物有所限制，如未经许可的典当，抵押物须归还原主人；寡妇也是不能随便典当物品的，只有在子孙满十六岁的时候法律才容许寡妇典当物品，在《宋刑统》中规定为："寡妇无子孙，若（子孙）年十六以下，并不许典卖田宅。""擅自典卖田宅者，杖一百，业还主。钱主牙保知情与同罪。""诸家长在，而子孙

元代对当铺利息的规定更加严格

弟侄等不得辄以奴婢、六畜、田宅及余财物私自质举，及卖田宅。"另外赃物不得典当，拿赃物典当者，要杖一百，赃物价值比较大的时候还会按盗窃罪处理；公共财产也不得典当，等等。

进入元代后，规范当铺经营活动的法规有所增多。根据《元史》记载，至元六年（1269年），元世祖下达敕令，规定民办当铺在处理逾期不赎的抵押物的情况下，加收的利息不得过高："民间贷款取息，虽逾期限止偿一本息。"在《大

元代规定，当铺不得违反法律收取利息

《元通制》中又规定："诸以财物典质，……经三周年不赎，要出卖。或亡失者，收赎日于元典物钱上，别偿两倍，虽有利息，不在准折之限。"意思是说：当铺不得违反法律收取利息，在典当期间内抵押物毁损的，当铺必须赔偿；当户逾期不赎，当铺可以收取相应的利息，并且在一定条件下对抵押物进行变卖。

三、当铺与宋、元社会

由于关于宋元时期的当铺经营习惯等细节的资料比较少，所以当时当铺的各种风俗和运作程序都无法考证。但是，由于这个行业具有代代继承、沿革的特点，我们或许能从明清时期的当铺经营习惯中，推断出一些宋元时期该行业的细节特点。

（一）当铺的招牌

典当业专门用以作为行业标志的招牌、当幌是独行专有的，可以分为两类：一类是文字招幌；另一类是形象招幌或标志招幌。在迄今所知的典当业的招幌中，文字招幌先于实物招幌和标志招幌出现，典当中的文字招幌是直接在木牌

简单的一个"当"字即是当铺的招牌

上写上表现本行业经营内容的"典""质""押"之类单字，然后将木牌挂在墙、屏等醒目的位置，来招揽顾客。

曲彦斌老师的《中国典当史》一书记载：明清时，由于质铺多称为"典当"或"当铺"，在铺门前挑挂两面大书"当"字的木牌，成为一时的行业习惯。另外，当铺在挂招牌的时候要格外小心，招牌不得落地，否则便认为晦气、不祥。

（二）当铺的设施

根据高叔平的《旧北京典当业》记

当铺门口的影壁可以保护
顾客的隐私

载为了避免街上的喧闹之声和保护典当财物的人的隐私，维护他们的人格尊严，旧时当铺的大门内，常常要陈列一个足以遮掩成人的大屏风。在对外的营业室，迎门设置柜台，柜台高达一米五六（有的甚至高达两米），柜台高的原因是怕顾客情急斗殴。由于柜台太高，所以在柜台内要设置踏板，踏板有的高四十厘米左右，有的甚至更高，这样，柜台里面的人就会比柜台外面的人高出许多。柜台的后面有门，在后门外还有一个照壁，照壁顶部放着一个悬龛，龛内供奉着三尊财神，即赵公元帅、关夫子和增福财神。照壁前设有一条桌，通称大桌，

当铺与质库
064

当铺内景复原图

是放置取赎单据（当票）、登录本（花取）等的办公桌，两旁有条凳，以备一般店员休息之用。照壁后面放置一张比通常床铺大而高的木床叫"卷当床"，床头备有成束的麻绳。此种麻绳叫"钱串"，是在整理和叠卷所进的衣物时用的。照壁两边，一边近墙角摆放账桌，账桌后面是宽大的座椅，这就是账房先生（帮账）记账、开当票、签小号、穿号、算账等的办公桌。靠近账桌，另有一张柜橱式的桌子为管钱桌，是管钱的（出纳员）办公之处。另一边设一桌两椅，名曰客座，是经理人座位。

当铺内的工作人员

踏板上，分左右设置四个高凳，是营业员按等级定座的坐位。此外，柜台外面门楣上挂有"望牌"，两边墙上还挂有"过五牌"和"过半牌"。一般柜房设施都是如此。

（三）当铺的人员

明后期，典当行业中的职位设置及其分工情况基本成熟。典当行中有"东家""当家""外缺""中缺""内缺""正账""学徒""更夫杂役"等。其中，"东家"是当铺的所有者。"当家"，是东家之下的总管，掌管当铺内外事务，如任用职员、分配工作、查阅账目、评定贵重当品、代表出席当估公会等。"外缺"则专管柜台上营业，又分为"头柜"和"二柜"。"头柜"也称"大掌柜"，如果当品价格很贵，则要请"当家"评定，计算赎当利息的"二柜"即为"头柜"的副手。"中缺"，根据柜台交易，按其唱述内容，负责书写当票，清理当票，将收当物品打包、挂牌等项事务。"内缺"，专管柜台内的事务，内缺共有四个。"学徒"，当铺的学徒虽地位低，却掌管钱财事务，他们每天从账房领取营业资本，支出现款并收受赎当本利，晚上交回账房，此外，还协助包封达传送当品等。"打更",除巡视执更任务外,可协助包封达安排放置当品。

(四)当铺的行话

明清时期,当铺行业中已经十分流行使用隐语行话,交易中同事间对相关银钱数字多用暗语代替,由此可见,在宋元时期当铺行业就应该有行话出现了,但是由于历史久远,无从考证,只能从明清时期的当铺行话中推测一二。据曲彦斌老师的《中国典当史》中记载,清末民初称袍子为挡风、马褂为对耦、马甲为穿心、裤子为叉开、狐皮和貂皮为大毛、羊皮为小毛、长衫为幌子、簪子为压发、戒指为圈指、

在当铺行话中,桌子称为"四平"

耳环为垂耳、烛台为浮图、桌子为四平、椅子为安身、珠子为圆子、银子为软货龙、金子为硬货龙、古画为彩牌子、宝石为云根等等。在王子寿先生的《天津典当业四十年的回忆》中也讲到：数字可以用隐语表示，如"道子"是一，"眼镜"是二，"炉腿"是三，"叉子"是四，"一挞"是五，"羊角"是六，"镊子"是七，"扒勺"是八，"钩子"是九，"拳头"是十。为了将质物贬值，当铺在收进当品的时候，都会将好说成次，将新说成旧，将贵重说成低贱，将完整说成破损，例如：只要是衣服，他们都要说"破"；皮毛则说成"虫吃破光板"；书画说成"烂纸片"；翡翠说成"硝石"等等，而且会在当票上写明，这明显是

当铺为了压低质物的价值，好端端的书画非要说成是烂纸片

各家当铺的价格都按统一标准制定

压榨当户的一种手段，但是如果当户真的是急需用钱，也就只好任凭他们这样做了。

在典当业中，除了流行行话，还使用着一种非语言的标志语，即暗记。如果当户坚持高价，不能达成协议时，他们知道一定要往别家去当，照例把所当的衣物整理包好。但是整理当中，他们会做一些记号，一般是：上身衣服，在折叠的时候，把一个袖子反叠，袖口朝下；裤子折三折；金货用试金石轻磨一下；表类就将表盖微启一点儿。这样第二家一看，心里就有数了，所给出的当价与第一家不会相差多少。因为当铺给价，都是有一定标准的。

当铺的放款期限根据顾客的需要有多种选择

（五）当铺的运作

当铺的业务中，对于抵押品的鉴别、当价规定、放款手续、押品保管、赎当手续等都有比较严密的规定。最受欢迎的当品是衣服、首饰、金银器皿，其次是古玩、字画、杂项、家俱等。接受当品的标准是：易于保存，易于转卖。由于对当品只能详细品评，不能损坏，因此鉴别工作比较复杂，也就对当铺经营者有很高的要求。因此，"外缺"必须有一定的阅历和丰富的经验，一旦接受假货，当铺就会有损失。

评定当价则是以四条标准来进行的：价

值高的当品、易保存的物品、预料必赎的物品、易于出售的物品，都会当价高些，否则，当价就相对要低。在当物的给价方面，一般当物，以现有价值的一半给付当价。

当铺放款的期限，有六个月、一年、二年等，利息一般以月为单位计算，不足一月按一月计算。也有宽限规定，称"顶五过顶"，即一个月后不超过五天，则不计当月利息。

双方达成协议后，"头柜"高声吆喝当品类别、颜色、当价等，同时，另一边已经写好当票，编号登记了。这时，学徒将当款放在桌子上，"头柜"将当品交到

古玩是深受当铺老板欢迎的抵押品

后面去保管，然后将当票和当款交给当主就可以了。赎当时，当主持当票交于柜员，柜员唱念字号、品色、当本，然后将当票交正账核对，后交色封达或首饰房根据当票取出当品，交当主检查，无误后由柜员将本利算清，当主付足本利后，可将当品带走。柜员将本利和当票交学徒登记入账。

当铺的会计帐簿很详细，名目繁多，分为：万金账、日用账、薪俸账、存款账、估衣首饰账、花取账、管钱账等等。

（六）当铺的行规与行会

在宋代，典当业已经成为一个独立的行业，也逐渐形成了自己的行规和行会。宋人

至宋代，当铺行业已经日趋成熟

行规和行会的出现保证了当铺的良性发展

吴自牧在其《梦粱录》中说："凡顾倩人力及干当人，如解库掌事，贴窗铺席主管，酒肆、食店博士、铛头、行菜、过买等等，俱各有行老引领。""行老"又谓"行头"，就是行会组织主事的头目。这句话是说：南宋时，京都临安的当铺中如果要雇佣人力店员，都是要由当铺行会中的负责人介绍推荐的。另外，据宋末元初的赵素所撰写的《为政就要》中记载："司县到任，体察奸细、盗贼、阴私、谋害不明公事，密问三姑六婆，茶坊、酒肆、妓馆、食店、柜坊、马牙、解库、银铺、旅店，各位行老，察知物色名目，多必得情，密切报告，无所不知也。"

行规和行会的出现也是宋代
典当业繁荣的表现

这句话中的"解库"就是当铺，说明当时当
铺的行业头目，不仅在雇佣人力店员这种小
事情上都要亲自过问，而且还有检察、监督
本行业各种事务的权利和职能。显然，在这
个时期，当铺行业不仅形成了自己的行会组
织，还形成了行业规则。当铺行业行会组织
的形成和确立，是宋元时期典当业繁荣的结
果。

四、当铺的作用

南宋时期，商业和手工业蓬勃发展，税收增加

（一）当铺与宋、元经济

南宋时，商品经济伴随着农业、手工业的发展而迅速发展起来，尽管朝廷极力采取重农抑商的经济政策，但已有不少人改变了以前把商业当作末业的看法，而认为"士农工商此四者皆百姓之本业"。

商业的发展，从当时的商税收入也可以体现出来。宋建国以来，商税收入逐年增加，如熙宁十年（1077年）以前，各州商税额"四十万贯以上者三，二十万贯以上者五，十万贯以上者十九，五万贯以上者三十，五万贯以下者五十一，三万贯以上者五十九，三万贯以下者七十三"。从这些数字可看出，中小城镇商业开始发展，且大小商人数量不在少数。宋代，大商人的势力比前朝增强，"京城资

产百万至多，十万以上者比比皆是"。有
的富商，每年向官府输钱五万缗。另外，
据《建炎以来朝野杂记》记载，北宋熙丰
年间，岁入缗钱六千万，南宋淳熙末年为
六千五百三十万缗，略高于北宋。

商业的发展，也从当时的地域上体现
出来。当时，临安是南宋的都城，也是政治、
经济和文化的中心。从浙江及其他州郡前
来的货船，络绎不绝。此外，平江、建康、
鄂州、江陵等沿江城市，手工业和商业都
很发达。墟市则比北宋更加普遍，仅广东
一路就有墟市八百个，它从一个侧面反映
了商业的繁荣。

南宋的海外贸易也十分发达。高宗末
年，市舶收入岁达 200 万贯，为北宋治平
年间岁入 63 万贯的三倍多。

宋代商业发展很迅速，然而在资金周
转上，一些商人会不可避免地出现资金短
缺，这时，通过将暂时不用的贵重物品典
当给当铺的方式，商人们可以融通到资金
进行商业活动。因此，可以说，宋元时期
繁荣鼎盛的商品经济是与当铺的功能息息
相关的。

另外，宋代发行的纸币——交子的产

柜坊"凭证"

大量的冗官令宋朝财政不堪重负，制约了社会的发展

生，也与典当物品有关。宋人吴曾在他的《能改斋漫录》卷一中写道："物质钱为解库。"《宋史》卷一《食货志》中写道："真宗时，患蜀人（铁）钱重，不易贸易，设质剂之法，一交一缗，以三年一届而换之，谓交子。"交子就是当时的纸币，"一交一缗"由"物质钱"而来，这种"取质库法"即发明钞票之先河。由当铺的经营方式而产生的纸币，使中国在纸币的发行上走在了全世界的前列。

（二）当铺与宋、元政治

宋代政治最显著的特点就是冗官严重，有人统计，宋朝的官民比例约是 1∶600，除当代以外，历史上各个时期中国的官民比例只有宋代最高。这与当时朝廷对当铺行业采取的鼓励政策是不无关系的。宋建炎年间（1127—1130 年），高宗为了融通资金，救济流连失所的百姓，稳定社会，巩固统治，鼓励民间开办当铺，即只要开设当铺的，就可以获得由朝廷授予的"朝奉郎"的官衔，跻身仕途。一时间，官员的数量激增，给当时的财政造成了极大的负担，而且进一步导致地方财政空虚。

庞大的军费开支令原本捉襟见肘的财政雪上加霜

　　当铺对宋元时期政治的影响体现在对政府财政的支撑上。绍兴十年（1140年），南宋朝廷与金订立屈辱的绍兴和议，宋每年向金纳贡银二十五万两、绢二十五万匹，自绍兴十二年（1142年）开始，每年春季搬送至泗州交纳，这种蛮横的勒索越发加重了当时朝廷的经济负担。另外，在军费方面，宋代也出现了较大的上涨，据考证，北宋初年一个兵士一年的费用只有十几贯，而到了南宋普遍上涨到百贯以上，这种庞大的费用开支也使得当时负担沉重的朝廷在财政上十分吃紧。由于看到开设当铺的巨大利润，朝廷为了缓解庞大的军费开支和沉重的纳

宋元社会强劲的奢侈之风给当
铺带来了又一次发展契机

贡负担，不得不与民争利，广泛开设官办的当铺，以缓解财政压力。在当时十分危急的政治条件下和十分脆弱的军事防御情况下，官办当铺的经营有力地支持了中央财政，无疑也就稳定了当时的政治局面。

（三）当铺与宋、元社会生活

在经济发达、商业繁荣的背景下，宋元时期的社会习气也产生了一系列转变，以至社会财富的积累发生了显著的变化，这种变化就是崇尚奢侈，商业行为比较广泛，同时，贫苦阶层人民也是非常多的。在这种社会状况的影响下，典当业的发展势头非常强劲。宋代吴自牧

宋元时期奢侈成风，贫
苦人家哪怕当了衣服也
要换酒迎欢

的《梦粱录》也记载，在中秋节的晚上，金风送爽，
玉露生凉，丹桂香飘，银蟾光满。王孙公子，富
家巨室，全都登上高楼，临轩赏月，许多大户人
家还摆上丰盛的宴席，在琴瑟铿锵之中酌酒高歌，
通宵玩乐。那些住在陋巷破屋的贫穷人家，没钱
买酒，即使把家里东西典当了，也要换些酒来，
勉强迎欢。

　　贫苦百姓在急于用钱时，可以将自己的财物
典当换钱，以解燃眉之急。据考证，就连我国南
宋时期杰出的爱国者、曾任右丞相的文天祥，年
轻时也因手头拮据光顾过当铺，并以一只金碗作
为抵押物。

　　典当在给社会生活带来如此之多的方便与好

处的同时，也暴露出了弊端，这就是典当人口的陋习。宋元时期，有"典赡"女子为妾的制度。典当妻子的陋习盛行，大多与经济的发展有着紧密关系。"富人典业，贫子典妻。"被典者往往家庭经济贫困，丈夫因病或无业等原因而无力维持生计；而受典者往往已婚无子，家财富足，需要子嗣。苏轼于元祐元年（1086年），就曾在一项奏折中提到，因欠苗，当时卖田宅典妻女的人数不胜数。而《续资治通鉴长编》中也记载，熙宁七年（1075年），由于旱灾和蝗灾频发，百姓质妻卖子。在反映宋朝农民起义的《水浒传》中就对这种畸形的经营形式有所描写。《水浒传》第三十六回写道："宋江不合于前年秋间典赡到的阎婆惜为妾，为因不良，一时恃酒争论斗殴，致被误杀身死，一向避罪在逃。"《元典章·刑部·禁

典当人的陋习开始出现

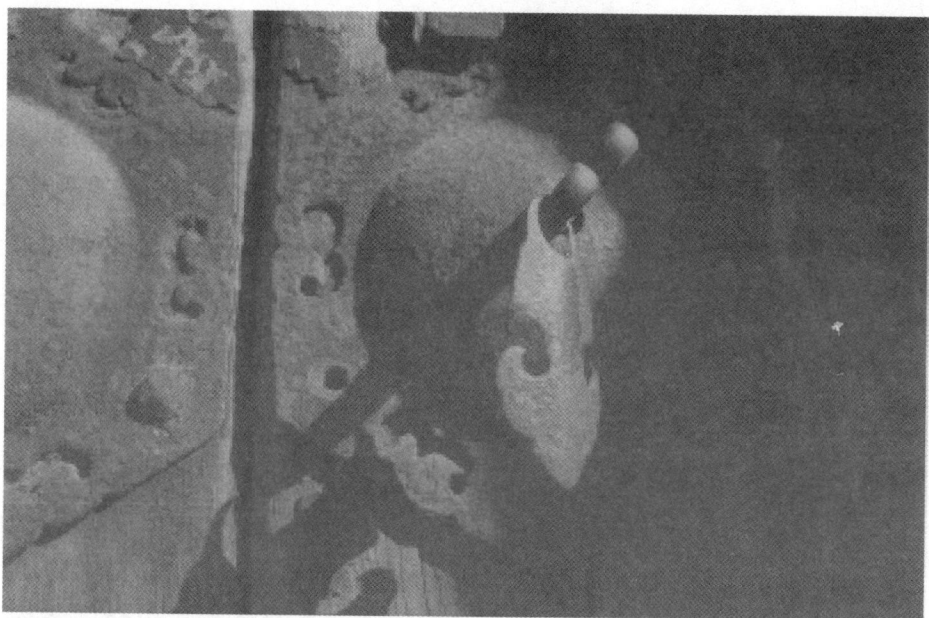

典卖人口是封建社会的陋习

典雇》记载："彭六十为家贫，将妻阿吴契雇与彭大三使唤，三年为满，要讫雇身钱五贯足。"意思是，彭六十将自己的妻子典雇给彭大三使唤三年，典价是五贯钱。实际上，这就是以典当的名义做出买卖人口的勾当，是封建社会的陋习之一。

（四）当铺与佛教

中国的当铺起源于佛寺，与佛教寺库经营"质库"有不可分割的深刻的文化渊源和历史原因。范文澜先生认为，当铺应当起源于南朝的佛寺。那时，梁武帝笃信佛教，曾三次舍身到同泰寺出家，每次都要公卿大臣凑足一万万钱或两万万钱将其赎回。官僚富豪也竞相把他们的私蓄托僧尼保管，寻常百姓则认为寺院神圣不可侵犯，也丝毫不敢赖债或盗窃寺院财物。此外，政府还给予僧尼种种优待，如免役、免税等。这些都使寺院财产迅速膨胀，堪称"十分天下之财而佛有七八"。这些财富远远超出了日常开支所需数目，于是，寺院将余钱以抵押的方式有息地借贷给需要接济的人，这样，既可以扩大佛教的影响，又可以稳固地增值财富。"长生库"制度也就产生了。

不过，佛寺大规模地普及典当制度应该是在北魏时期，这段时间是当铺形成的关键时期。北魏时，文成帝笃信佛教，国家和民间大量的财富涌入寺院，寺院的经济基础得到极大的加强。寺

据说当铺起源于南朝的佛寺

院用除去生活开支的余钱为本金，"俭年出贷，丰则收入"，既"救济荒年"，又"出息取利"，其收益纳入僧团的库府"无尽藏"中。当时寺院的借贷，既有质举，又有"举贷"（无须物抵押的借贷）；贷出的既有现金，也有实物（如谷物、杂物）；出贷时既有立契画押的，也有不立字据的（对信徒），利息有高达百分之百的（"倍称之息"），亦有分文不取的（慈善性的）。寺院援用这样的方式，取财于信徒，又"回转求生"于众生，再用一部分钱财供养佛祖，佛祖又普度众生，众生又布施钱财给寺院，"反复回转，无穷尽也"。

在宋代之前，由于灭佛运动的开展，僧办当铺也随之遭受到严重的打击，但在宋元时期，由于佛教的复兴，僧办当铺也就再次兴盛起来，并与官办当铺和民办当铺一起，呈现出势均力敌、平分秋色的态势。

寺院在开办当铺之初，可能确实有慈善救世救民的初衷，因为创建之初设置有利息分文不收的借贷，但是到后来，从无数皇室贵族、官僚典商们唯利是图、竞相出资开设当铺的历史状况来看，后世的僧

寺院对当铺的大规模发展起到了重要的推动作用

寺院当铺在后来的发展过程中违背了慈善救世的初衷

办当铺也逐渐发展成为取财生利的工具。宋代的大诗人陆游在《老学庵笔记》中,对寺院从事当铺经营活动的目的表示了质疑:"今寺辄作质库钱取利,谓之长生库,至为鄙要。……庸俗所为,古今一揆。"意思是,宋代佛寺纷纷设置"长生库"的目的实际上是为了谋财争利,丧失了佛祖淡薄名利的脱俗之心。事实上,在唐代以前,当铺一直是由寺院独揽经营的。

(五)宋、元文学中的当铺

中国典当业的繁荣及其社会作用,是以其同各类社会生活及文化的广泛联系得以充分体现的。鉴于这种联系,必然在不同历史时期的文学艺术作品中有着多角度、不同程度的反映。

在元代的文学作品中,反映当铺的内容比较多的,莫过于元明杂剧,如关汉卿的《钱大尹智勘绯衣梦》、秦简夫的《晋陶母剪发待宾》、无名氏的《施仁义刘弘嫁婢》以及元末的《马丹阳度脱刘行首》等等,都描写了当时当铺经营者的财大气粗,可见,当铺行业在当时已经发展得十分繁荣。

在《钱大尹智勘绯衣梦》中,作者讲述

了一个当铺掌柜家的千金与家道中落的书生间曲折的爱情故事。主要描写的是书生李庆安自幼与开当铺的王员外的千金闺香有婚约，但是由于书生家道中落，这个既势利又财大气粗的当铺掌柜毁约。闺香小姐有意于书生，于是派婢女去送钱物暗相资助书生。不想前往的婢女却被经常到王员外当铺销赃的盗贼所杀，书生蒙冤落罪。后来，开封府尹获神指示捕获真凶，使书生平冤昭雪，与闺香成婚。这一剧本表明当铺也经常成为盗贼的销赃之所。

繁荣发展的当铺也不可避免地出现在当时的文学作品中

《晋陶母剪发待宾》中描写了晋代陶侃在少年时，想要设宴款待客人却没有钱，于是就写了一张欠条到韩夫人开的当铺去质了五贯钱。早年丧夫守子的陶母知道后，立即叫儿子去赎回欠条。为了款待宾客，她自己剪下头发拿到街上去卖，正好被韩夫人看见，韩夫人问明原委后，大为感动，非常敬重陶母的品格，将女儿许配给了陶侃。

《施仁义刘弘嫁婢》则阐述了佛教因果报应的思想，讲的是有一个叫刘弘的当铺掌柜，一向逐利蓄财，为富不仁，原本命中注定短寿也没有子嗣。但是由于他做了

当铺与宋、元社会

有的文学作品专门塑造了当铺
老板的形象，可见当铺业当时
的繁荣

许多善事，从而延寿又生了儿子的故事。在剧中，刘弘唱到："我本是巨富明儒，开着座济贫的典库，贯满京都，掌着那万万贯的这多财物。"这一句唱词，就点明了当时从事当铺经营活动的惊人利润，而这些利润，都是对穷人加以花样百出的敲诈、剥削而积累起来的，饱含着贫苦百姓的血泪。

在《马丹阳度脱刘行首》中，其中一个主角的职业也是当铺经营者，即富商林员外。他想娶沦落风尘的刘倩娇为妻，却又舍不得休掉与自己生儿育女的妻子，因而不能满足刘倩娇要做正妻的要求。这里描写了一个家境殷实又处于矛盾状态的当铺掌柜的形象。

从以上元代杂剧可以看出，当时当铺经营者的经济财力在诸商贾中是首屈一指的，没有雄厚的财力是无法开设当铺的，而当铺对穷人的残酷盘剥又给他们带来了惊人的财富，同时，也反映出了当铺成为盗贼销赃之处的弊害。这些杂剧，同时从侧面反映了宋元时期当铺行业繁荣兴盛的景象。

五、当铺的后世沿革

当铺给社会中下层贫苦人的生活
带来了些许的帮助

（一）稳定社会民众生活

当铺的出现，缓解了中国封建社会中下层人民的生活危机，因此当铺起到了稳定社会的作用。与现代社会相比，在经济不发达的宋元时期，农民、手工业者等这些生活在社会下层阶级的人们生活是十分困苦的。因此，在青黄不接的季节，或者是出现自然灾害的时期，这些百姓的消费及输纳赋税等就经常要依赖典当。这样，甚至导致了在荒灾之年，当铺行业反而繁荣起来的畸形现象。在后世的有典记载中，乾隆四十八年（1783年），福建福州府闽县"各当遇有荒歉、青黄不接之时，民间多当，不能限制，未免借贷凑本接济，大当直增万余，并所不禁；小典亦积数千或至万余。"

此外，士兵、贫寒官僚、破落贵族、中下层知识分子等也常常因为生活所迫而出入当铺。后世北京有竹枝词云："世家强半久虚空，借贷无门到处同，小押钱来方来米，早餐饿到夕阳红。"又有人无奈地感叹道："十月初冬天气寒，皮裘典尽客衣单，报供几载无消息，魂梦时惊到了班。"

由此推断，当铺经营活动的开展能缓解下层民众的生活危机，从而将尖锐的社

寺庙开办当铺在一定程度上促进了货币的流通

会阶级矛盾缓和化，达到安抚民生、稳定社会的作用，这能够在明清的典籍中得到映证。那么在当铺行业已经非常发达的宋、元时期，这个情况就应该十分突出了。

（二）促进货币的流通

当铺出现以后，在原有的货币流通渠道之外，又形成了一个新的货币流通渠道。通过当铺经营运作的整个周期，实现货币流入社会和回笼的全过程。这是因为，东汉初期，佛教传入我国，到三国两晋南北朝以及隋、唐时期，全国上下都笃信佛教，对寺院施舍大量钱财，这就是一个货币集中的过程。寺院将这些吃穿

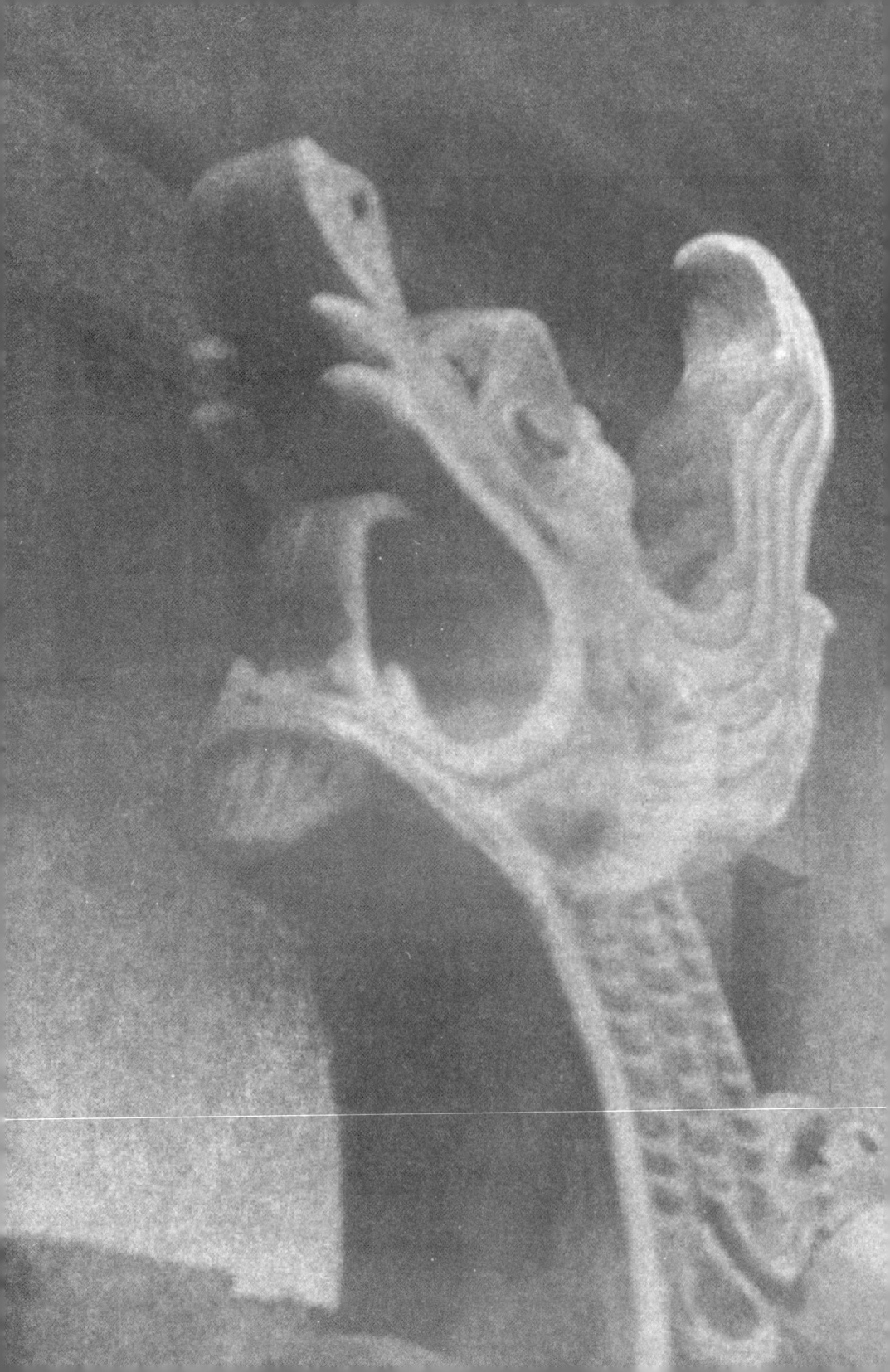

寺庙对当铺发展起到了举足轻重的作用

不尽的巨额财富用于开办当铺，把货币借给社会不同类型的当户，对于寺院来说，一方面可以起到宣传其慈善的作用，另一方面，也可以获取高额的利息；对于社会上的各阶级阶层来说，一方面满足了上层统治阶级税收以及安抚人心、稳定统治的需要，另一方面也帮助了城乡下层人民和小工商业者解决生活困难和融通资金，这就是一个货币流向社会的过程。此后，等到回赎期临近，当户又以回赎的方式将货币返还给"质库"，这一过程又实现了货币的回笼。在没有今天的银行机构实现货币流通的封建社会，正是当铺的经营、运作这样两个过程，代替银行机构的职能形成货币流通渠道。

（三）促进农业、工商业发展

当铺本身就是具有商业性的金融组织，在其典当业务的开展中，也参与了商品交换，所以当铺行业的兴旺发达本身就是商业发展的一种必然结果。

从当铺的功能来讲，它又起到了融通资金，促进农业、工商业经济发展的作用。

我国是一个农业大国，自古以来，大部分人口从事的是农业活动，大部分国民收入都来自农业，在宋代，虽然商品经济发展很快，但是也没有改变以农业为主的状况。农民生活在社会的底层，一般都比较贫苦，在农耕季节，为购置耕牛、种子、农具、雇请人力进行再生产时，许多农民就要依赖典当来取得投资费用。所以在元代之后的明代，熊人霖记述道："更喜天稍暄，絮衣更可质。一以修末招，一以偿佣直。"在清代，也有王有光更全面地总结说："夫佃农岂有两口两腹两肠胃而称横饱乎？自春徂秋，买牛购种，办奎工作，曰借曰赊曰质当，每食不下咽也，何以能

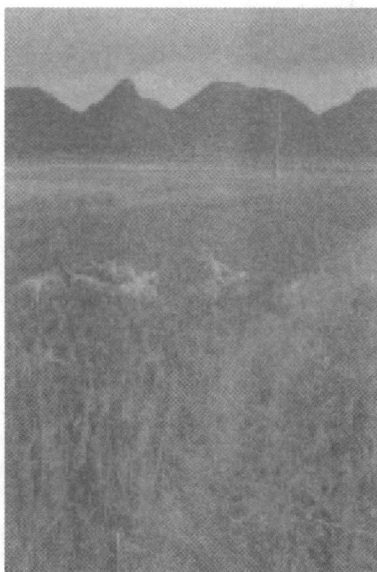

当铺促进了农业和工商业的发展

谷典的出现不仅促进了农业的
发展，也带动了商业的进步

饱乎。"在收获的环节上，当铺典当活动的开展对农业的支撑作用也是十分显著的。起源于宋朝的"谷典"就是一个很好的例子。在粮食获得丰收的季节，由于需求有限，粮食的市价也会一降再降，变得十分低廉，这些粮食又不易长期保存，农民受到了极大的损害；另一方面，由于资金有限，粮食商人也不能收购更多的粮食，因此粮食商业也受到了极大的限制。"谷典"的出现，解决了双方的难题，粮食商人可以将手中收购来的粮食抵押给当铺，从而取得资金再去收购农民手中的粮食，这样，农民的粮食卖出去了，粮食商人也获得了利润。

同时，当铺既可以在粮食商人回赎粮食时赚取利息，又可以在粮食商人逾期不回赎或典卖粮食之后再转手将粮食卖出，从而赚取中间的差价，这样，就是一举三得。"谷典"的出现既促进了宋代农业的发展，又促进了宋代商业的发展。

除了农业，在宋代兴起的工商业与当铺也有着极为紧密的联系。这是因为，一些工商行业需要依赖借贷来比较稳定地开始或继续他们的经营，这样，商业资本的流动周期就缩短了，可以给商人带来更多的利润，从而促进了商业的再投资，以此循环，商业机构和组织也就越来越多，从而促进了商业的发展。

周村大染坊

当铺作为独立的金融机构为古代商业的发展做出了巨大的贡献

当铺对商业发展的巨大贡献还表现为，它在一定条件下直接从事市场活动。随着封建社会商品经济的发展，当铺的财力日趋加强。特别是在其成为独立的金融机构之后，当铺便开始兼营商业或其他副业，从而在借贷生息之外，另辟一条增殖其自身资本的新途径。

（四）增加财政收入

在封建社会里，由于统治阶级穷奢极欲，加之各种战争比较频繁，致使国库空虚、入不敷出。为了增加财政收入，封建统治者往往采取各种手段进行搜刮，或通过加重赋税来支撑局面。朝廷搜刮的对象遍及各行各业，当铺这个获利颇为丰厚的机构，自然也成为统治阶级搜刮钱财、补充财政的对象。

自唐朝中期的安史之乱以后，中央朝廷政局不稳，兵祸连年不断。建中三年（782年）四月，唐德宗就考虑到河南、河北"用兵月费度支钱一百余万"，而府库"不支数月"的情况，下诏"大索京畿默商"，并美其名曰为"借"。为了增加财政收入，政府还把目标指向当铺。于是，京兆少尹韦祯

强行勒索"僦柜""质库"等当铺，抢走了大量的钱财。虽然钱是被抢走的，但其钱财之多是令人惊叹的，在暴力剥夺之下，大量的钱财成为当时国家财政收入的一个重要来源。

在宋元时期，中央政府增加财政收入采用的方式显得更为文明一些，就是开办官办当铺。在北宋时，官府特别设立了一项费用，叫做"公使钱"，其中有很大一部分就是用来开设当铺的。崇宁二年（1103年），皇帝还诏令各府界诸县在交通枢纽和商贩聚集的地方置当铺，于是官办当铺遍布各地城乡集镇。与宋代同时期的金

至元代，官办当铺依然繁荣

朝也有类似的做法：据《金史·百官志》记载，金世宗大定十三年（1163年），上谓宰臣曰："闻民间质典，利息重者至五七分，或以利为本，小民苦之。若官为库条，十中取一为息，以助官吏禀给之费，似可便民。"于是，金朝政府在中都南京、东平、真定等处设置典库，以流泉为名，各设"使副"一员，又在京府节度州添设"流泉务"二十八所。据记载，元世祖至元二十年（1293年）曾以钞5000锭为资本设立公典，称"广惠库"，放贷收息。这说明在元代官办当铺也十分发达，政府还是在继续支持官办当铺的发展。这些都说明，宋、元时期的政府，都看到了这个行业中获利增殖的经济利益，纷纷打着"救世济民"的慈善旗号，参加到对民众的盘剥中来分一杯羹。

在宋、元以后，当铺也还是增加财政收入的工具，途径则是征收税赋。封建国家的苛捐杂税多如牛毛，又十分严酷，对当铺的税收自然也不例外。明代天启年间（1621-1627年），政府曾计划按照当铺资本数额的十分之一征收赋税，这样全国每年就可以征收20万两，但是由于明王朝的土崩瓦解，这一计划最终没有实现。

清朝入关执政后，国家迅即开征当铺税，获得了一笔固定的财政收入。据统计，"康熙三年题准，当铺每年纳银五两"，这样，每年就能征到11万两有余，在一定程度上补充了政府财政。雍正六年（1728年），政府又规定，民间开设当铺，均要办理营业执照，并缴纳"帖捐"（也是一种税目，相当于印花税），同时照例按年缴纳当税。乾隆十八年（1753年），全国当铺多达一万八千多间，每年的财政税收更是可想而知；嘉庆十七年（1818年），全国各地当铺增加到两万三千多间，典税也有11万两。

今天的当铺

古代当铺对经济有着
宏观调控的作用

以上事例和数据表明，在封建社会，各朝各代通过采取不同的手段，在当铺这个"金融机构"中取得了巨大的经济收益，有力地补充了国家财政收入。

（五）调节宏观经济

如同现代的银行等金融机构一样，古代的当铺也具有对经济的宏观调控作用，因此，常受到统治阶级的倚重，有时还把它作为推行某种经济政策的工具加以利用。

唐、宋时期，货币的供求关系十分紧张。一方面，由于商品经济日益发展，需要用到货币的领域越来越多，货币流通量急待增加；另一方面，由于金、银、铜等铸造钱币的贵重金属数量有限，民间又流行藏钱和将钱改制成其他器物的风气，因此，流通中的货币数额远远不能满足需要。唐建中初年（780 年），一斗粟米的价格是一百钱，而到元和五年（810 年），因为货币的不断短缺，已经降价到二十钱了。每当这种情况出现，当铺能作出巨大的贡献。因为在政府的要求下，当铺就会在借贷中使用小额货币，当小额货币源源不断地流入到社会之中后，货币匮乏的现象就能得到缓解了。乾隆九年（1744 年）后，基于钱币缺乏的局面，政府就曾拨出一批银两，给当时北京城内外的六、七百家大小当铺充作资金，从而吸收民间手持铜钱。这样，通过利用当铺所具有的对钱

当铺是统治阶级调控经济的工具

当铺记载了封建经济的艰难发展历程

当铺的壮大反映了古代金融业的兴起

当铺的作用

当铺对维护封建统治发挥了重要的作用

币的操纵能力，就能稳定因货币不足而造成的各种不稳定因素。

但是，当铺的这种对宏观经济的干预作用也被封建统治者用在有损国计民生的途径上。民间私自铸造货币，是封建时代一直存在的问题，因为伪造者不用足量的或者是好的贵金属材料，导致货币减重、变质。这些假币流入社会后，往往被商贾发现，于是他们为了保护自己的利益就抬高物价，导致普通百姓的生活陷入困境。因此，在富庶、和平时期，统治阶级都会大力打击私铸货币的行为。但是到了战乱、天灾等非常时期，他们却会反行其道，提高货币面值、减少贵金属含量，从而谋私利。这种行为自然会受到商贾、百姓的抵制，于是，在政府的强迫下，当铺在进行借贷时就变成了政府发行不受欢迎的"不值钱的钱"的工具。

从以上分析可以看出，当铺在宏观经济调控方面既有有益的一面又有损害国计民生的一面，但是，这种发行货币的职能是不会变的，变的是统治者的仁善或者残暴的统治意图而已。

六、当铺的后世沿革

元末明初，僧办当铺急剧减少，逐渐退出了历史舞台，到明代中叶，商人纷纷投资经营典当业并且成为当铺行业的一支主要力量，因此，民办当铺中的商营当铺最为兴旺发达。明代当商，还具有浓厚的地区专业色彩，开设当铺基本是安徽、山西、陕西、山东商人的专业。另外，在承袭宋、元当铺发展的基础上，当铺经营活动又出现了新的变化，主要是增加了新门类，扩展了新业务，出现了新的资本组织形式，当铺的内部管理也开始科学化，等等。

一般来说，徽商分布遍及全国，在江南市镇中尤为活跃，如在保定府完县，"地狭民稠"，因此"有清之初，民多趋重商，当时以地理关

元末，寺院终于退出了典当业的历史舞台

系，县境虽狭而商业亦颇称繁盛，以偏僻小
县，质库至七处之多，杂粮店、钱店数且倍
之，市面繁荣可想"，"庚子之乱，完县商业
损失颇巨……资本稍厚，率皆因云累前后歇
业，当商、钱商竟无一家存者，所存者不过
小本经营以为糊口而已"；在资金方面，徽商
的资本雄厚，更胜一筹。《明季北略》上说：
在北京的徽商汪箕，"家资数百万，典铺数十
处"。江苏江阴县的徽商程壁，广有资财，"开
张典铺十八处"；在经营方法上，其灵活的经
营手段也是技高一筹的，例如《金陵琐事剩录》

徽商的典当业曾名噪一时

中的描述：南京"当铺总有五百家。福建铺本少，取利三分、四分，徽州铺本大，取利仅一分、二分、三分……人情最不喜福建，亦无可奈何也"。可见，徽商在典当业竞争中的优势是十分明显的，这也是徽商成为典当业有名的经营者的原因。

清代以后，"徽商开当，遍于江北"的情况发生变化，晋商在江北经营典当业已超过徽商。乾隆六十年（1795 年），山西学政幕僚李隧记载：全国所设典当"江以南皆徽人，曰徽商。江以北皆晋人，曰晋商"。在清朝乾隆年间，河南多次发生灾荒，遇灾农民一般都是在晋商

清代以后，晋商的典当业经营日益活跃，超过了徽商

开办的典当行中借贷。史料也有这样的记载：乾隆五年（1740年），河南灾荒，"每有山西等处民人，及本省富户，专以放债为事"。

陕西典商的活动范围主要以关中为据点，往来于西北（甘肃、青海、宁夏、新疆）、江淮、江南及四川、云贵之间。在清朝前期，陕西商帮在关中各县开设的当铺大约有800多座。

山东商帮的势力一般集中在山东地区。其中开当铺最多的就是登州府文登县商人了："凡乡里小有之家，有闲舍二区，字一人，则于其家开设小当，资本二三四五百不

当铺的后世沿革

113

等，未有及千钱者。"山东商人行事豪爽，一言九鼎，"商大者曰装运、曰典当、曰银钱交易，皆一言为券，无悔改者"。在经营方式上，山东商帮的经营方式多样，有独资、合资，较大的商人还雇佣代理人来主持典当事务。

在明清时期，还出现了不少典当的新门类，按名称有"典""当""质""按""押""代当""代步"等等，其中，"典"与"当"差别微小，但"典当"与"质""押""代当"的区别就非常大了。

明清两代是中国典当业发展的黄金时期，相关的法律规范得到同步充实和不断完善。对于典当利率，《明律》规定："凡私放钱债及典当财物，每月取利并不得过三分，年月虽多，不过一本一利。违者笞四十，以余利计赃。重

清代，大量的文登县商人参与到典当业里来

当铺与质库

清初，当铺开始纳税

者坐赃论罪，止杖一百。"

典当行纳税，始于清初。清顺治九年（1652年）税例规定："在外当铺每年征税银五两，其在京当铺并各铺，该顺天府酌量铺面而征收。"康熙三年（1664年）户部规定："当铺每年征银五两，大兴宛平大行店铺同，十五年定京城行铺税例，上等每年五两，余二两五钱。"在这里唯独京城典当行受到酌征或减税的优惠待遇。关于当物失窃、毁损，清代亦有详细法规。《大清律例·户律》规定：当物被盗，损一赔一，"无论衣服米豆丝棉木器书画，以及银钱珠玉

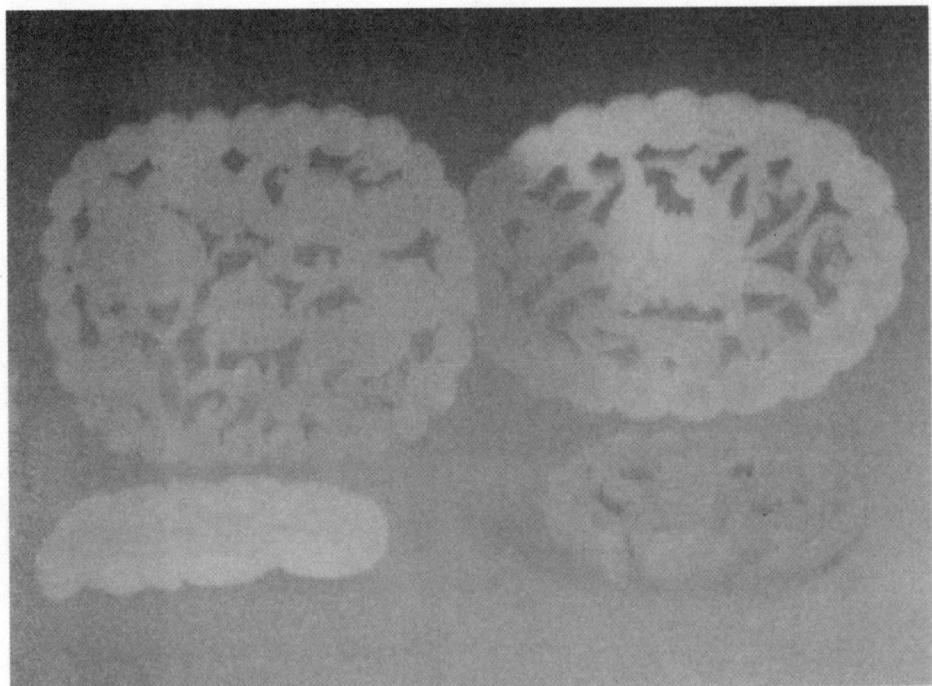

清代对当物的失窃、毁损做出了详细的规定

铜铁铅锡各货，概照当本银一两，再赔一两；如系被劫，一两再赔五钱，均扣除失事日以前应得利息"。即少则赔偿 50%，多则赔偿 100%。但"如赔还之后，起获原赃，即与典主领回变卖，不准原主再行取赎"。即典当行一方面虽负有赔偿遗失当物之责任，而另一方面又享有变卖查获赃物清偿本息之权利。

"先有典当，后有票号，再有钱庄"，这是对中国旧时代金融业发展过程的清晰描述，这一句话就精辟地反映了我国古代人民的伟大智慧。可以说，宋、元时期当

当铺折射了市井生活，也记录了社会的发展

古老的当铺将历史娓娓道来

当铺的后世沿革

当铺旧址

铺行业的兴盛发展，开辟了一个行业的形成和成熟之路，同时，也镌刻下了许多中华民族重大的历史印记，浓缩了许多博大精深的中国传统文化。当铺的兴衰史与很多人的命运息息相关，它就如同一本厚重而深刻的书，翻开它，永远都会有惊喜的发现，永远都会得到新的启发，也永远都会让人叹服中华民族的伟大智慧！千年的

古老的当铺在时代的召唤下
焕发出新的活力

时间如白驹过隙般飞逝，如今的当铺行业还在继续发展着，并且伴随着经济发展的活力，正在揭开美丽的新篇章。